Impressum

ISBN 978-3-8094-3283-8

1. Auflage

Der Verlag weist ausdrücklich darauf hin, dass im Text enthaltene externe Links vom Verlag nur bis zum Zeitpunkt der Buchveröffentlichung eingesehen werden konnten. Auf spätere Veränderungen hat der Verlag keinerlei Einfluss. Eine Haftung des Verlags für externe Links ist stets ausgeschlossen.

Umschlaggestaltung: Atelier Versen, Bad Aibling

Projektleitung: Herta Winkler

Konzeption, Text und Producing: Sascha Storz

Bildnachweis: © Alle Fotos S. Storz, Althegnenberg, bis auf Seite 12 (istock/Pedro Javier), 18 o. (Fotolia/Twilight Art Pictures), 18 u.r. (Fotolia/jan37), 20 li. (Fotolia/M. Schuppich), 20 re. (Fotolia/Marylène), 37 (Shutterstock/vaivirga), 52 u.l. (Fotolia/ Maksim Shebeko).

Die Informationen in diesem Buch sind von Autor und Verlag sorgfältig geprüft, dennoch kann eine Garantie nicht übernommen werden. Eine Haftung des Autors bzw. des Verlags und seiner Beauftragten für Personen-, Sach- und Vermögensschäden ist ausgeschlossen.

Druck & Bindung: Druckerei Theiss, St. Stefan im Lavanttal

Printed in Austria

MIX
Papier aus verantwortungsvollen Quellen
FSC® C012536
FSC www.fsc.org

Verlagsgruppe Random House FSC®N001967

Das für dieses Buch verwendete FSC®-zertifizierte Papier *Profimatt* liefert Sappi, Ehingen.

Sascha Storz

Schnelle Gemüse

Früher ernten und mehr Ertrag durch schnell wachsende Sorten

Bassermann

Inhaltsverzeichnis

Gemüse-Ernte für Ungeduldige

Sie denken bei Gemüseanbau zuerst an die viele Arbeit – umgraben, jäten, wässern, zurückschneiden? Es geht auch einfach. Bleiben Sie faul und genießen Sie ganz entspannt Gemüse aus dem eigenen Anbau – hierbei wird Ihnen dieses Buch helfen.

Bei der klassischen Anbaumethode, der Kultivierung in Erde, reift die Pflanze mehr oder weniger komplett aus. Doch gibt es bei den bekannten und für den Kleingärtner verfügbaren Sorten ein paar wenige, die sich speziell für die frühe Ernte im Jahr eignen, sowie solche, die eine besonders kurze Reifezeit haben. Die Pflanzen stehen also kürzer auf dem Beet; Sie ernten bereits, bevor die üblichen Schädlinge anfangen, ihr Unwesen zu treiben, oder Krankheiten Ihre Ernte bedrohen.

Schneller noch auf dem Teller landen die Keimlinge. Sie müssen gar nicht erst in die Gummistiefel steigen, denn Ihr Gemüsegarten grünt auf der Fensterbank. Davon abgesehen machen Keimlinge immer einen guten Eindruck bei Gästen, sie sind ein echter Trend.
Die Samen werden dicht an dicht in eine nur etwa 3 cm hohe Erdschicht gesät. Haben sich die Keimblätter entwickelt, wird geerntet: kurz über der Erde abgeschnitten (wie von der Kresse bekannt) oder den ganzen Keimling mit Wurzel gepflückt und die Erde ausgewaschen. Keimlinge schmecken intensiv nach dem fertigen Gemüse, oft stärker noch als die reife Pflanze.

Und für die ganz Eiligen gibt es Sprossen: Gemüseanbau ohne Erde. Die Samen werden nur gewässert und keimen in feuchter, warmer Umgebung, auf einem feuchten Küchentuch etwa oder in einem Glas. Der Samen treibt innerhalb weniger Tage, manchmal sogar innerhalb weniger Stunden aus. Der Spross schmeckt meist mild nach der fertigen Pflanze, gepaart mit einem nussigen Aroma.

Grundwissen in aller Kürze

Erde

Erde ist nicht gleich Erde. Ganz grob unterscheidet man leichte und schwere Böden. Leichte haben einen hohen Sandanteil; sie lassen sich leicht bearbeiten und erwärmen sich im Frühjahr schneller. Dafür speichern sie Feuchtigkeit und Nährstoffe nicht so gut. Arbeiten Sie in leichte Böden häufiger Kompost oder auch Tonmehl ein und mulchen Sie konsequent. Das hält die Feuchtigkeit in der Erde.
In schweren Böden ist viel Lehm enthalten, die Erde hält das Wasser gut und ist oft sehr nährstoffreich. Allerdings ist Umgraben echte Knochenarbeit und im Frühjahr braucht es länger, bis der Boden aufgetaut ist. Auch neigen sehr schwere Böden eher zu Staunässe. Hier ist Auflockern angesagt: Graben Sie Sand und groben Kompost unter und verhindern Sie bei großer Hitze mit einer Mulchschicht, dass die oberen Schichten bei Trockenheit hart verbacken.

Ich empfehle Hochbeete fürs Gemüse. Damit sind Sie selbst Herr über die Beschaffenheit Ihrer Erde, Sie schonen Ihren Rücken und Ihr Gemüse hat durch die erhöhte Position weitere Vorteile:

- Im Frühjahr erwärmt die Sonne Ihr Hochbeet schneller als ein ebenerdiges Beet – die Pflanzen lassen sich noch früher kultivieren.
- Einige Schadinsekten fliegen auf der Suche nach ihren Nahrungspflanzen knapp über dem Boden entlang. An den Pflanzen auf Ihrem Hochbeet fliegen sie einfach vorbei.
- Schnecken sind in Hochbeeten leichter einzudämmen.

Wasser

Wässern ist Arbeit. Richtig wässern spart Arbeit. Zuerst die Fingerprobe – einmal den ganzen Finger in die Erde bohren. Ist sie unten trocken, müssen Sie gießen. Wichtigste Gießregel: Seien Sie großzügig mit dem Wasser. Wenn Sie nur die Oberfläche Ihres Beetes nass machen, haben die Pflanzen nichts davon, da die Feuchtigkeit nicht bis an die Wurzeln dringt. Es sollten mindestens die oberen 5 cm Erde gut durchfeuchtet sein. Eine Schicht Mulch (Rasenschnitt, gehäckselte Blätter oder ähnliches) hält die Feuchtigkeit im Boden.
Im Frühjahr und Herbst gießen Sie am Morgen, dann ist es noch kühl und die Pflanzen können mit den steigenden Temperaturen des Vormittags das Wasser optimal aufnehmen. Im Sommer dagegen ist es empfehlenswert, am späten

Abend zu wässern, wenn es ein wenig abgekühlt hat. Während langer Hitzeperioden geben Sie Ihren Pflanzen am frühen Morgen noch eine Portion Wasser extra.
Einige Pflanzen mögen kein Wasser auf den Blättern. Graben Sie jenen einen Blumentopf in Wurzelnähe ein und gießen Sie direkt in diesen hinein.

Dünger

Pflanzen haben unterschiedlichen Bedarf an Nährstoffen. Das ist eine Wissenschaft für sich, es gibt ganze Bibliotheken zu dem Thema. Wenn Sie aus Ihrem Gemüsegarten größtmögliche Ernte herausholen wollen, oder kümmerliche Pflanzen auf ein zu viel oder zu wenig bestimmter Nährstoffe hindeuten, dann sollten Sie einen Bodentest machen und sich betreffs der optimalen Düngung beraten lassen.
Meine Hochbeete, die ich in Mischkultur bewirtschafte, bekommen im Herbst ein wenig grob verrotteten Kompost und im Frühjahr eine frische Ladung Erde, weil sie über den Winter etwas in sich zusammenfallen. Bodentests waren noch nie notwendig.

Mischkultur und „Pflanzenfreundschaften"

Mischkultur ist eine Anbaumethode, die dem Boden die Nährstoffe ausgewogen und gleichmäßig entzieht. Außerdem werden die Probleme von Monokulturen vermieden: Schädlinge und Krankheiten verbreiten sich in Mischkulturen weniger stark. Für den Einstieg empfehle ich Ihnen, dass Sie im wesentlichen „Pflanzenfreunde" nebeneinander wachsen lassen und vermeiden, dass miteinander unverträgliche Pflanzen Nachbarn werden.

	Bohnen	Erbsen	Gurken	Karotten	Kohl	Kohlrabi	Kürbis	Mais	Paprika	Radieschen	Salat	Tomaten	Zucchini
Bohnen		⚡	♡		♡		♡			♡		⚡	
Erbsen	⚡		♡	♡		♡		♡		♡			
Gurken	♡	♡					⚡	♡		⚡	♡	⚡	⚡
Karotten		♡			♡					♡	♡	♡	
Kohl	♡			♡							♡	⚡	
Kohlrabi		♡								♡		⚡	
Kürbis	♡		⚡					♡			♡		
Mais		♡	♡				♡						♡
Paprika												♡	
Radieschen	♡	♡	⚡	♡		♡					♡	♡	
Salat			♡	♡	♡		♡			♡			♡
Tomaten	⚡		⚡	♡	⚡	⚡			♡	♡			
Zucchini			⚡					♡			♡		

Einige Helfer übernehmen für Sie den Kampf gegen Schadinsekten und Krankheiten, ohne dass Sie selbst mit Chemie eingreifen müssen:
Die Tagetes (Studentenblume) sondert einen Stoff ab, der Fadenwürmer aus Ihrem Beet vertreibt, die sich sonst gern über Wurzelgemüse hermachen. Außerdem ist ihr Geruch so verlockend für Schnecken, dass diese dafür sogar Ihre zarten Salatpflänzchen links liegen lassen.
Kapuzinerkresse ist ein Magnet für Blättläuse. Als sogenannte Opferpflanze setzen Sie sie an den Rand Ihres Gemüsebeetes und schützen somit Ihre Ernte vor den Plagegeistern. Reißen Sie stark befallene Kapuzinerkresse-Pflanzen einfach immer wieder aus und werfen Sie sie in den Abfall.
Steckzwiebeln oder Knoblauchzehen in die Nähe Ihrer Karotten gesetzt, vertreiben Karottenfliegen und halten Bodenparasiten fern.
Pflanzen Sie Borretsch und Ringelblume in die Nähe Ihrer Fruchtgemüse. Diese Kräuter locken nützliche Wespenarten, Schmetterlinge und andere Bestäuber an, die sich in Ihrem Gemüsegarten nützlich machen.

Samen und Aussaat

Sie können natürlich viele der in diesem Buch genannten Gemüse als junge Pflanzen in der Gärtnerei oder im Gartencenter kaufen und in Ihre Beete setzen. Allerdings wissen Sie dann nie so genau, wo und wie Ihre Pflanze aufgewachsen ist und haben manchmal Probleme damit, sie bei Ihnen heimisch zu machen. Außerdem ist die Auswahl meist auf wenige Sorten eines Gemüses beschränkt.

Mit selbst ausgesuchtem Saatgut sind Sie dagegen in der Lage, Ihrer Neugier nachzugeben und einfach auch einmal ganz andere Sorten eines bestimmten Gemüses zu probieren. Von einigen davon können Sie dann sogar selbst Saatgut gewinnen, das Sie im nächsten Jahr wieder aussäen.

Samen sind Wunderwerke der Natur. Auf kleinstem Raum ist in den winzigen Kernen alles angelegt, was die Pflanze zum Großwerden braucht. Wasser, Wärme und Licht sind die entscheidenden Faktoren, die jede Saat zum Keimen benötigt – danach sind die Ansprüche unterschiedlich.

Saatgut sollten Sie kühl und trocken lagern, dann kann es mehrere Jahre haltbar sein. Die ungeheizte Gartenlaube (Temperaturschwankungen) oder der Heizungskeller (zu warm) sind keine guten Plätze zur Aufbewahrung. Wenn Sie nicht sicher sind, ob Ihr Saatgut noch keimfähig ist, machen Sie auf feuchtem Küchenpapier eine Keimprobe.

Wenn Sie Saatgut aus Tütchen nutzen, wird dort in der Regel alles stehen, was Sie wissen müssen. In schweren Böden sollten Sie die Samen etwas flacher als angegeben setzen, in leichten Böden etwas tiefer. Sogenannte Lichtkeimer dürfen gar nicht mit Erde bedeckt werden, sondern keimen direkt an der Oberfläche. Halten Sie frische Saaten feucht, im Zweifel decken Sie sie mit Vlies ab. Gießen Sie im Anfangsstadium eher sparsam, damit die Erde nicht vernässt.

Besonders feines Saatgut, wie etwa von Zwiebeln oder Karotten, sollten Sie immer auf frisch gegossenen Beeten aussäen und dann nicht mehr gießen, denn die Keimlinge kommen bei Bodenverkrustung nur schlecht durch die Oberfläche. Kürbis- und Zucchinisamen sowie Tomaten, Paprika und Gurken brauchen es möglichst warm zum Keimen, 21 – 25°C sind optimal. Salatpflanzen dagegen streiken oft, wenn es ihnen z. B. im Sommer zu warm ist. Wenn Sie in Saattöpfchen gesät haben, stellen Sie diese einfach für einige Zeit an eine kühle Stelle im Garten oder in den kühlen Keller.

Gemüse aus dem Beet

8ter Tag

25ster Tag

40ster Tag

Bohnen

(Phaseolus vulgaris)

Von der Vielzahl an Bohnensorten machen Buschbohnen am wenigsten Arbeit – sie müssen nicht hochgebunden werden. Die Hülsen können bereits sehr früh als grüne Bohnen geerntet und im Ganzen zubereitet werden. Bohnenkerne brauchen sehr viel länger zum Ausreifen.

Ich mag besonders die Sorten ***Pfälzer Juni***, die besonders schnell reift und ***St. Andreas***, die auch in klimatisch ungünstigen Lagen gute Erträge bringt. Ein besonderer Augenschmaus ist die Prunkbohne ***St. George***, die mit ihren filigranen rot-weißen Blüten die Beete schmückt – und auch noch gut schmeckt.

Anbau-Tipps

Legen Sie die Samen am Abend vor der Aussaat bei Zimmertemperatur in Wasser ein. Die Bohnenkerne saugen sich voll und keimen schneller.

Pflücken Sie die Hülsen immer mit zwei Händen: mit einer Hand die Pflanze festhalten, mit der zweiten die Hülse am Stiel abknipsen. Achten Sie darauf, den Rest der Pflanze nicht zu beschädigen.

Feuerbohnen bezaubern mit ihrer roten Pracht.

Ernten Sie die Schoten immer mit zwei Händen, um die Pflanzen nicht zu beschädigen. Dann versorgen sie Sie bis in den späten Herbst.

Anbau – Erste Ernte in 55 Tagen

Kulturzeit: 2 – 4 Monate.
Legen Sie die Bohnenkerne vor der Aussaat über Nacht in Wasser ein, damit sie quellen können. Aussaat Ende Mai bis Juni, für besonders frühe Ernten schon Anfang Mai auf der Fensterbank. Stecken Sie immer 4 – 5 Kerne zusammen in die Erde, maximal 1 – 2 cm tief. Auf jeden Fall erst nach den Eisheiligen ins Freie säen oder pflanzen.

Grüne Bohnen sind genügsam, brauchen keine gedüngten Beete und nur in extremen Trockenperioden müssen Sie gießen. Kontrollieren Sie nach ca. 6 Wochen Ihre Pflanzen regelmäßig alle 2 bis 3 Tage und pflücken Sie häufig die jungen Schoten – das erhöht den Ertrag und verlängert die Ernteperiode. Achten Sie aber darauf, mit zwei Händen zu pflücken und den Rest der Pflanze nicht zu beschädigen.

Essen Sie Bohnen nicht roh, auch nicht als Sprossen; sie enthalten ein Gift, das erst beim Kochen zerstört wird.

Bohnensalat mit Feta (für 2 Personen)

300 g Grüne Bohnen
1 Schalotte, fein gewürfelt
2 EL Essig
Salz, Pfeffer
1 TL süßer Senf
3 EL Sonnenblumenöl
100 g Cocktailtomaten
100 g Feta

Bohnen entspelzen und in etwas gesalzenem, kochendem Wasser bissfest garen (ca. 5 – 8 Minuten). In Eiswasser abschrecken. In einer großen Salatschüssel eine Salatsauce aus Schalotte, Essig, Salz, Pfeffer und etwas süßem Senf anrühren, dann zuletzt das Öl einrühren. Die noch warmen Bohnen dazugeben. Den Feta in ca. 1,5 cm große Würfel schneiden oder grob mit den Händen zerbröseln. Die Tomaten vierteln und zusammen mit dem Käse über die Bohnen geben. Alles gut vermischen (aber vorsichtig, damit der Käse schön stückig bleibt). Lauwarm mit etwas Weißbrot servieren.

10ter Tag

12ter Tag

20ster Tag

30ster Tag

Erbsen

(Pisum sativum)

Die ersten Schoten schaffen es bei mir oft nicht bis in die Küche – ich pflücke sie direkt vom Strauch in den Mund. Knackig und voller Geschmack läuten sie den Frühsommer ein.

Kulturzeit: 1 ½ bis 3 Monate, erste Ernte in 45 Tagen.
Aussaat ab Mitte März auf der Fensterbank. Legen Sie Ihre Saaterbsen vor der Aussaat einige Stunden in Wasser zum Quellen. Das beschleunigt die Keimung. Samen, die nach dem Quellen noch schwimmen, sind nicht keimfähig.

Säen Sie in Toilettenpapierrollen oder andere größere Aussaattöpfchen und pflanzen Sie die Keimlinge mitsamt Anzuchtgefäß Ende März aus. Bieten Sie den jungen Pflanzen eine Kletterhilfe, beispielsweise Schaschlik-Spieße. Eine Schicht Mulch auf dem Beet hilft dabei, die Feuchtigkeit im Boden zu halten.

Um die Ernte zu verfrühen, knipsen Sie jeden Erbsentrieb über der 7. Blütengruppe ab.

Ich mag besonders die beiden Sorten ***Wunder von Kelvedon*** (Markerbse) und ***Rembrandt*** (Zuckerschote), die ich schon mit ca. 5 cm Schotenlänge ernte. Nur kurz dünsten, das Wasser dazu relativ stark mit Zucker und Salz würzen, etwas Butter dazu – lecker!

6ter Tag

20ster Tag

28ster Tag

36ster Tag

Gurken

(Cucumis sativus)

Ich habe mich erst spät an die schönen, zarten Salatgurken herangetraut, dachte ich doch immer, das wäre nur etwas für stolze Besitzer von Gewächshäusern. Aber weit gefehlt: Es gibt freilandtaugliche Schlangengurken mit kurzer Reifephase, die zuverlässig auch in kühleren Regionen im Freiland gedeihen.

Achten Sie beim Samenkauf auf ausgewiesene Freilandgurken. Meine Lieblingssorten sind:
La Diva, die trotz ihres Namens pflegeleicht und robust und mit ihrer glatten Haut und dem süßen, zarten Geschmack die perfekte Salatgurke ist.
Picolino, deren kleine Früchte schnell ausreifen und die eine perfekte Snack-Gurke ist: schnell reif und schnell verspeist.

Anbau-Tipps

In besonders kühlen Regionen kann es sich lohnen, die Pflanze zurückzuschneiden, so dass mehr Energie für weniger Früchte zur Verfügung steht. Dafür den Haupttrieb nach dem 3. oder 4. Blatt kappen. Nach einiger Zeit treiben aus dem Haupttrieb 3 – 4 Nebentriebe aus, diese werden wieder über dem 3. Blatt abgeschnitten. Natürlich bekommt man so weniger Gurken – aber diese werden garantiert reif.

Toll machen sich Gurken auch auf einem Südbalkon – lassen Sie sie dann einfach das Balkongitter hochranken.

Perfekt für die Kletterer: ein Hochbeet. Der Verrottungsprozess im Inneren bietet die optimalen Bedingungen, viele Nährstoffe und Wärme.

Für eine reiche Ernte sollten immer mindestens zwei Gurkenpflanzen gesetzt werden – die Kürbisgewächse mögen Gesellschaft.

Anbau – Erste Ernte in 45 Tagen

Kulturzeit: 3 – 4 Monate, Sie können bereits Mitte Juni die ersten Gürkchen ernten.

Aussaat ca. 4 Wochen vor den Eisheiligen auf der Fensterbank. Da Gurken frostempfindlich sind, dürfen sie erst Ende Mai ins Freie, wenn ganz sicher kein Frost mehr zu erwarten ist.

Gurken mögen gut gedüngten Boden in warmer, sonniger Lage, wie alle Kürbisgewächse. Lockern Sie ihn gut auf vor der Pflanzung und halten Sie die Feuchtigkeit mit einer Mulchschicht im Boden. Gurken sind Kletterer. Zur Not kriechen sie aber auch wie Kürbisse auf dem Boden entlang. Legen Sie etwas unter die Früchte, dann bekommen sie keine Schadstellen.

Die Reife erkennen Sie daran, dass die Spitze der Gurke rundlich wird. Warten Sie nicht, bis sich die Früchte gelb verfärben, dann sind sie bitter.

Blüte und Frucht direkt nebeneinander – Gurken bilden unermüdlich neue Fruchtansätze, den ganzen Sommer lang. Achten Sie auf genug Wasser und gelegentlich etwas Dünger.

Gurkencarpaccio (für 2 Personen)

1 kleine Salatgurke, ca. 300 g
etwas abgeriebene Zitronenschale
2 EL Zitronensaft
Salz, etwas Zucker, Pfeffer
2 EL Sesamöl
100 g Ziegenfrischkäse
5 – 6 Blätter Basilikum, in feine Streifen geschnitten
eine Handvoll Granatapfelkerne

Gurke dünn hobeln und die Scheiben überlappend auf zwei Tellern auslegen. Die abgeriebene Zitronenschale darüberstreuen. Aus Zitronensaft mit Salz, Zucker, Pfeffer und Sesamöl eine Marinade rühren und über die Gurken geben. Kurz ziehen lassen. Den Ziegenkäse mit dem Basilikum mischen und auf den Gurkenscheiben anrichten. Die Granatapfelkerne wild darüberstreuen.

10ter Tag

20ster Tag

25ster Tag

Karotten

(Daucus carota)

Hier ist nicht die Rede von den großen Lagerkarotten, die viele Wochen auf dem Beet stehen – manche Sorten können gar über den Winter im Beet stehen bleiben. Sondern hier geht es um den schnellen, süßen Genuss direkt aus der Erde.

Schöne Karotten für die frühe Saat sind die ***Guerande***, die kleine rundliche Möhrchen bildet, die ***Duwicker Frühkarotte***, die schon im Februar ausgesät werden kann, die ***Amsterdamer***, die sehr süße Wurzeln bildet und die Minimöhren ***Adelaide*** und ***Caracas***, die schnell wachsen, aber klein bleiben – optimal für den Anbau auch in kleineren Töpfen.

Anbau-Tipps

Zwiebeln oder Knoblauch in die Nähe der Karotten gepflanzt, halten Bodenparasiten fern.

Spinnmilben werden ferngehalten, wenn Sie Radieschen in der Nähe der Möhren wachsen lassen.

Karotten gedeihen gut in großen Töpfen oder auf Hochbeeten, denn dort fliegen die Möhrenfliegen, die bodennah unterwegs sind, einfach dran vorbei. Auf bodennahen Beeten helfen feinmaschige Netze.

Die Sorten Adelaide und Caracas bilden kleine Fingermöhrchen, die bereits nach 35 Tagen kleinfingerdick und besonders süß sind – einfach perfekte Naschmöhrchen!

Die dicken Wurzelknollen der Guerande – hier etwa 2 Monate alt. Sie kommt auch mit etwas flacheren Töpfen oder verdichteter Erde zurecht.

Anbau – Erste Ernte in 35 Tagen

Kulturzeit: 1 – 3 Monate.

Säen Sie im März (Frühkarotten) bis in den Juli. Sehr frühe Aussaaten sind bereits ab Februar möglich, dann sollten Sie die kleinen Pflänzchen aber mit Glocken oder einem Folientunnel schützen. Karotten brauchen tief gelockerte, aber möglichst nicht frisch gedüngte Beete, um mit ihren Wurzeln leicht in die Tiefe zu kommen. Sonst spalten sie sich und wachsen einfach an den Hindernissen vorbei.

Kleiner Tipp für beschleunigtes Keimen: Mischen Sie Samen mit Sand im Verhältnis 1:20. Feuchten die Mischung an und lassen Sie das Ganze 2 Tage in einer Plastiktüte im Zimmer vorkeimen. Das Sand-Samen-Gemisch dann gleichmäßig dünn in ca. 2 cm tiefe Saatrillen ausbringen (10 Teelöffel reichen für etwa 2 laufende Meter Möhren auf dem Beet). Der Vorsprung beträgt bis zu 10 Tage.

Für besonders schnelle Möhren sollten Sie auf die oft empfohlenen Radieschen als Markierungssaat verzichten. Das Radieschen-Laub wirft schnell Schatten und Ihre Möhren fangen erst so richtig an zu wachsen, wenn die Radieschen nach 20 – 30 Tagen geerntet wurden.

Karotten-Apfel-Rohkost (für 4 Personen)

300 g Karotten
300 g süß-säuerliche Äpfel (Cox orange, Elstar oder ähnliche)
Saft einer halben Zitrone
100 g Joghurt
1 EL Sahne
2 Handvoll Walnusskerne
etwas Butter
geschälte Kiwischeiben zum Dekorieren

Die Karotten schälen. Junge Karotten können Sie auch mit Schale verarbeiten. Die Äpfel bleiben ungeschält. Karotten und Äpfel fein reiben. Den Saft einer halben Zitrone auspressen und dazugeben, gut vermischen. Den Joghurt mit der Sahne verrühren und unter die Mischung rühren.
Wer es besonders süß mag, kann mit Honig nachsüßen.
Die Walnüsse klein zerbrechen und in einer Pfanne in wenig Butter anrösten. Etwas abkühlen lassen und über das Obst-Gemüse-Gemisch geben.

10ter Tag

20ster Tag

31ster Tag

45ster Tag

Kohl

(Brassica oleracea)

Weiß und rot, kraus oder als kleine runde Köpfchen am Strunk – Kohl ist ein vielfältiges Gemüse. Wenn auch eher als typisches, herbes Gemüse für den späten Herbst- und Winteranbau bekannt, so lohnt sich doch auch der Anbau im Frühjahr. Der Geschmack ist deutlich milder und die Struktur zarter.

Meine liebste Sorte ist der Minikohl ***Micro F1***, ein kleinköpfiger, leicht süßlicher Weißkohl, der bereits im Juni geerntet werden kann. Außerdem sehr fein: der Spitzkohl ***Chateaurenard***, der eine noch etwas zartere Struktur hat.

Anbau-Tipps

Säen Sie in kleine Saattöpfchen, die Sie nach spätestens 4 Wochen ins Beet versetzen. Die Pflänzchen dabei so tief pflanzen, dass die untersten 2 Blätter etwa 2 cm tief eingegraben sind.

Wenn Sie winterharte Sorten noch Anfang August aussäen und über den Winter mit Vlies abdecken, können Sie Ende März mit Kohl aus eigenem Anbau Ihren Speiseplan ergänzen.

Weißkohl

Grünkohl

Anbau – Erste Ernte in 45 Tagen

Kulturzeit: 1 ½ – 3 Monate.

Säen Sie für Frühlingskohl schon Mitte April in Saattöpchen auf der Fensterbank oder ins Frühbeet. Nach etwa 4 Wochen ist der Zeitpunkt des Auspflanzens gekommen. Dafür die kräftigsten Pflänzchen auswählen. Die Knospe im Herz der Blätter muss unbeschädigt sein.

Wirsing

Pflanzen Sie die Keimlinge in einem Abstand von 20 bis 30 cm zueinander (großkopfige Kohlsorten mit mehr Abstand). Dazwischen können Sie schnellwüchsige Radieschen aussäen, allerdings nicht zu eng, damit deren Laub die kleinen Kohlpflänzchen nicht beschattet.

Kohl sollte jedes Jahr einen anderen Standort bekommen. So nehmen die Kohlfliegen nicht überhand.

Kohlsalat (für 2 Personen)

300 g Weißkohl
2 Tomaten
1 kleine rote Zwiebel
2 EL Apfelessig
Salz und Pfeffer
1 guter TL süßer Senf
2 EL Sonnenblumenöl
1 EL Sesamöl
100 ml Sahne

Die äußeren Blätter des Kohls entfernen und den Kopf im Ganzen waschen. Den Strunk entfernen, die Blätter in etwa 2 x 2 cm große Stücke schneiden.
Die Tomaten kleinschneiden, die Zwiebel fein würfeln.
Zwiebel, Essig, Salz, Pfeffer, süßen Senf und die Öle zu einer würzigen Salatsauce zusammenrühren. Die Sahne leicht dickflüssig aufschlagen und die Sauce unterziehen. Kohl und Tomaten in die Sauce geben, gleich servieren. Dazu passt gebutterter Toast oder geröstetes Weißbrot.

Kohlrabi

12ter Tag

(Brassica oleracea var. gongylodes)

Zart schmelzender Kohlrabi ist eine Delikatesse direkt aus dem Beet. Ernten Sie die Knollen schon jung mit einem Gewicht von 150 – 200 Gramm, dann haben die Raupen von Kohlweißling und die Kohlfliege keine Chance, Ihnen den Genuss streitig zu machen.

Aussaat: April – Juni, Kulturzeit ca. 2 – 3 Monate, erste Ernte nach 50 Tagen.

30ster Tag

Kohlrabi mag humusreiche, gut gelockerte Beete in sonniger Lage. Achten Sie auf gleichmäßig feuchten Boden und mulchen Sie um die Pflänzchen herum mit einer 1 – 2 cm dicken Schicht Rasenschnitt. Wenn sich die Knolle zu bilden beginnt, häufeln Sie Erde an, um die Pflanze zu stützen.
Meine liebsten Sorten sind ***Azur Star***, der mit seinem schönen Violett Farbtupfer ins Beet zaubert, und ***Lanro***, ein wunderbar unkomplizierter Kohlrabi für den Frühjahrsanbau.

35ster Tag

Anbau-Tipps

Decken Sie frühe Aussaaten ab, solange es noch Frostnächte gibt. Die jungen Pflanzen sind zwar frosttolerant, aber Sie können die Ernte verfrühen, wenn Sie große Temperaturschwankungen etwas ausgleichen.

Versuchen Sie einmal die Kohlrabiblätter: klein geschnitten und angedünstet in gut gesalzenem Wasser mit etwas Zucker – ein Genuss.

8er Tag

15ter Tag

25ster Tag

30ster Tag

Kürbis

(Curcubita maxima)

Zugegeben, Kürbisse brauchen in der Regel viel Zeit, um ganz reif zu werden. Aber es gibt Ausnahmen: Der Scallopini-Kürbis zum Beispiel wird bereits mit einem Durchmesser von bis zu 10 cm geerntet. Er ist wie Zucchini unreif am leckersten (sie werden auch oft zu den Zucchini gezählt). Andere Sorten bleiben recht klein und reifen dadurch schneller als die großen Sorten. Es macht Spaß, die verschiedenen Formen und Farben auszuprobieren – und ganz nebenbei neue Geschmacksrichtungen zu entdecken. Meine Lieblingssorten sind der Squash-Kürbis ***Hunter*** und der ***Blue Ballet***, ein blassblauer Kürbis, der etwa 2 – 3 Kilo Erntegewicht bekommt und stark nach Esskastanien schmeckt.

Anbau-Tipps

Schützen Sie die Früchte vor Bodenkontakt, indem Sie etwas darunter legen. Ein Stück Holz, eine alte Kachel oder ein dickes Strohbett verhindern, dass die Kürbisse von unten faule Stellen bekommen.

Das Laub von Kürbispflanzen ist sehr anfällig für Mehltau. Daher ist es empfehlenswert, die Pflanzen nach der Ernte zu verbrennen, statt sie auf den Komposthaufen zu werfen.

Scallopini-Kürbis Sunburst – der schnellste unter den Sonnenkindern. Mit 8 – 10 cm Durchmesser sind sie bereits erntereif. Wie Zucchini sollten sie nicht zu groß werden.

Der Muskat-Kürbis braucht einen warmen Sommer voller Sonne, um ganz auszureifen. Aber dann belohnt er die Geduld des Gärtners mit seinem feinen Aroma.

Anbau – Erste Ernte in 60 Tagen

Aussaat Mitte bis Ende April auf der Fensterbank. Erst nach den Eisheiligen ins Freie pflanzen. Kürbisse brauchen extrem viel Wärme und Nährstoffe. Deshalb pflanze ich sie in Kübel oder große Pflanzlöcher (50 cm tief, min. 30 cm breit) mit einer Mischung aus Kompost und Gartenerde im Verhältnis 3:1. Wer kann, gibt ein wenig Pferdemist in die Mischung. Die Verrottung setzt viel Wärme frei und die Kürbispflanze hat große Mengen Nährstoffe zur Verfügung. In besonders ungünstigen Lagen kann es sinnvoll sein, die Menge der Kürbisse auf 1 oder 2 Stück je Pflanze zu beschränken, um diese sicher zur Reife zu bringen. Dafür kappen Sie im Juni den ersten Haupttrieb nach dem zweiten Blatt. Im Juli dann jeden Nebentrieb nach dem 6 Blatt. Schneiden Sie im weiteren Verlauf des Jahres jeden fruchttragenden Trieb hinter dem zweiten Blatt nach der Frucht ab. Lassen Sie je Pflanze nur 2 oder maximal 3 Kürbisse stehen.

Hokkaido-Kürbisse sind die wohl beliebtesten Kürbisse. Sie sind unkompliziert im Anbau. Mit ihren 1,5 – 3 kg Endgewicht überfordern sie auch nicht bei der Verarbeitung.

Krosse Kürbisbrocken (Snack für 2 Personen)

300 g Kürbis, z. B. Muskat, Blue Ballet oder Hokkaido
½ TL Kreuzkümmelpulver
1 kl. TL Pul Biber (türkische scharfe Paprikaflocken)
je 1 TL Paprikapulver edelsüß, Salz und brauner Zucker
¼ TL Korianderpulver
4 EL Olivenöl

Den Backofen auf 180°C (Ober-/Unterhitze) vorheizen.
Den Kürbis in ca. 2 x 2 cm große Würfel schneiden. Die Gewürze miteinander mischen. In einer großen Schüssel das Olivenöl über die Kürbiswürfel träufeln, mit den Händen kurz durchmischen. Die Gewürzmischung darüberstreuen, wieder vermischen. Die Würfel auf einem mit Backpapier ausgelegten Backblech verteilen, sie sollten sich möglichst wenig berühren. Backzeit etwa 30 Minuten. Zwischendurch gelegentlich das Blech rütteln.

8ter Tag

18ster Tag

35ster Tag

Mairübchen

(Brassica rapa)

Mairübchen gehören zu den „vergessenen Gemüsen“, sind ein typisches Saisongemüse, das im Frühjahr besonders zart ist, sich aber auch für den Herbstanbau eignet – dann brauchen sie länger zur Reife, werden herber und erinnern im Geschmack an Rettiche.

Sie sind jung besonders zart-schmelzig. Geschält und gleich verspeist mag ich sie am liebsten, aber in Scheiben geschnitten und mit etwas Butter, Salz und Zucker in der Pfanne gebraten entwickeln sie einen ganz eigenen feinen Geschmack.

Versuchen Sie es mit der Sorte ***Natsu Komachi***, sie ist unkompliziert und butterzart.

Anbau-Tipps

Mairübchen sind ähnlich anspruchslos wie Radieschen und brauchen nur ein paar Tage länger zur Reife. Sehr frühe Aussaaten kann man unter Glashauben vor Frost schützen und so manchmal schon Ende April ernten.

Warten Sie nicht zu lange mit der Ernte. Lieber eine kleine, perfekte Kugel mit etwa 6 – 7 cm Durchmesser ernten, als eine holzige, zerfressene Rübe aus dem Boden zu ziehen

Probieren Sie auch das Laub – kleingeschnitten im Salat eine würzige Ergänzung.

12ter Tag

25ster Tag

35ster Tag

40ster Tag

Mais

(Zea mays)

Zuckermais ist eigentlich nichts weiter als ein Gras. Durch Jahrtausende der Selektion bildet der Zuckermais für den Anbau im Garten heute dicke Kolben, dicht besetzt mit kleinen blassgelben Körnern, die sich beim Erhitzen intensiv gelb färben.
Mais ist ein Starkzehrer und benötigt eine Extraportion Dünger im Verlauf des Gartenjahrs.

Mit zwei Sorten Zuckermais habe ich gute Erfahrungen auch unter den nicht ganz optimalen Mais-Bedingungen meines Gartens gemacht: ***Ashworth*** und ***Vanilla Sweet***. Geschmacklich sind beide super, der ***Ashworth*** ist allerdings noch etwas früher reif.

Anbau-Tipps

Traditionell wird Mais seit tausenden von Jahren gemeinsam mit Kürbis und Bohnen angepflanzt. Das Laub des Kürbis beschattet den Fuß des Mais und wirkt wie eine Mulchschicht. Die Bohne nutzt den Mais als Rankhilfe. Säen Sie 2 bis 3 Kerne am Fuß jeder Maispflanze, wenn diese 50 cm hoch gewachsen ist.

Die vertrockneten weiblichen Griffel-Fäden an der Spitze des Kolbens deuten auf reifen Inhalt hin.

Die Hüllblätter geben den Blick frei auf die goldenen Kerne.

Anbau – Erste Ernte in 55 Tagen

Kulturzeit: 2 – 4 Monate. Aussaat frühestens 2 Wochen vor den letzten Frösten auf der Fensterbank. Das gibt Ihrem Mais einen Vorsprung von ein paar Tagen. Immer 2 Korn je Saattöpfchen setzen. Nach den Eisheiligen mitsamt dem Saattopf auspflanzen. Etwa 2 Wochen später entfernen Sie das schwächere Pflänzchen jedes Paares und schauen von da an Ihrem Mais beim Wachsen zu. Jetzt ist Ausdauer beim Gießen gefragt, denn für sein Turbowachstum benötigt Mais viel Wasser.

Ab einer Höhe von 30 cm sollten Sie etwas Erde am Fuß jeder Maispflanze anhäufeln, das gibt den langen Stangen mehr Halt.

Pflanzen Sie Mais in Gruppen, das erleichtert die Bestäubung, denn die Pollen fallen oben aus den männlichen Blüten und müssen durch den Wind übertragen werden.

Dieser Kolben ist nicht bis in die Spitze mit Kernen besetzt – schneiden Sie die leere Spitze einfach ab und bereiten Sie den Rest zu.

Maiskolben mit Honig und Rosmarin

je Person:
1Maiskolben
1 EL Butter je Maiskolben
1/2 TL Honig je Kolben
einige Nadeln Rosmarin
grobes Salz

Entfernen Sie die grünen Blätter und die braunen Fäden am Kopf Ihrer Maiskolben. Legen Sie je einen Kolben auf ein großes Stück Alufolie, darauf die Butter, den Honig und die Rosmarinnadeln. Die Kolben werden nur locker eingeschlagen, aber so, dass möglichst wenig Dampf entweichen kann. Führen Sie dazu jeweils die gegenüberliegenden Ecken der Alufolien-Quadrate zusammen und verdrehen Sie sie oben wie zu einem Täschchen. Bei gutem Wetter legen Sie die Päckchen auf dem Grill in die indirekte Hitze, bei schlechtem Wetter ab in den Ofen damit (Ober-/Unterhitze vorgeheizt bei 180 °C). Nach 20 – 30 Minuten sind die Maiskolben gar. Servieren Sie die Kolben im geöffneten Alu-Päckchen, mit grobem Salz bestreut.

8er Tag

30ster Tag

45ster Tag

50ster Tag

Paprika

(Capsicum annuum)

Im Freilandanbau wird man in der Regel keine Paprikaschoten ernten können, die auch nur annähernd die Größe der im Laden angebotenen erreichen. Aber kleinfruchtige Sorten führen auch in klimatisch ungünstigeren Regionen zu geschmackvollem Ernteerfolg.

Die Sorten ***Paradiso*** und ***Frühzauber*** lohnen einen Versuch. Bei den Chilis ist zum Beispiel die Sorte ***Rotes Teufele*** empfehlenswert, die auch grün schon so richtig schön scharf wird und dadurch auch ein Ernteerfolg ist, wenn sie nicht ganz ausreifen kann.

Anbau-Tipps

Paprika passen gut zu Tomaten – auch im Beet. Beide mögen es sehr warm, sonnig und geschützt. Es ist die ideale Pflanzpartnerschaft.

Für ein schnelleres Ausreifen der Früchte schneiden Sie die Pflanze zurück, sobald sie etwa 15 – 20 Früchte gebildet hat. Jeder Trieb wird dann über dem 1. Blatt nach dem Fruchtansatz gekappt. So bekommen Sie auch in kurzen oder kühlen Sommern rote Früchte.

Paradiso-Paprika – halb grün, halb rot.
Sie können schon grün geerntet werden, sind dann eher herb.

Frühzauber ist eine Spitzpaprika, hier eine Schote kurz vorm Umfärben.

Anbau – Erste Ernte in 70 Tagen

Kulturzeit: 3 – 5 Monate. Aussat Anfang April auf der Fensterbank, ideal zum Keimen sind ungewöhnlich warme 25 °C. Bedecken Sie die Samen nicht mit Erde, Paprika sind Lichtkeimer. Paprikapflanzen lassen sich gern etwas Zeit zum Keimen, das kann bis zu 2 Wochen dauern. Halten Sie die Saattöpfchen während dieser Zeit schön feucht, lassen Sie sie aber nicht im Nassen stehen, Paprika vertragen keine Staunässe.
Wenn die jungen Pflanzen 5 bis 8 gut ausgebildete Blätter zeigen, pflanzen Sie sie ein erstes Mal in einen größeren Topf um.
Härten Sie Ihre Pflänzchen langsam im Freien ab und pflanzen Sie sie nach den Eisheiligen aus. Der beste Standort ist überdacht und sonnig mit nährstoffreichem Boden. Im Sommer düngen Sie nach. Ernten und verarbeiten Sie Chili mit Latexhandschuhen, sie können wirklich teuflisch scharf werden.

Auch Chilies gehören zu den Paprika. Frisch oder getrocknet geben sie der Küche das ganze Jahr hindurch Pep.

Pilz-Paprikas (Snack für 2 Personen)

3 – 4 EL Frischkäse
2 – 3 EL Quark 20% Fett
1 Schalotte, klein gewürfelt
1 Tomate, sehr klein gewürfelt
Petersilie und Schnittlauch
Zitronenabrieb
Salz
8 Paprikaschoten Paradiso, entkernt
8 kleine Champignons
Parmesan

Frischkäse und Quark vermischen, die Schalottenwürfel und die kleingeschnittene Tomate dazugeben, gut verrühren. Mit den gehackten Kräutern, dem Zitronenabrieb und Salz abschmecken. Die Füllung in die vorbereiteten Paprika füllen, einen Pilz obendrauf setzen und mit einer Scheibe Parmesan krönen. In den auf 180°C vorgeheizten Backofen (Ober-/Unterhitze) schieben und ca. 20 – 30 Minuten backen. Dazu schmeckt krosser Buttertoast.

5ter Tag

10ter Tag

20ster Tag

Radieschen

(Raphanus sativus)

Radieschen sind für mich das „Gute-Laune-Gemüse" schlechthin: Kugeln in Rot, Gelb, Lila, längliche Knubbel mit weißer Spitze oder weiße Mini-rettiche. Wie geschaffen fürs Gärtnern mit Kindern, weil anspruchslos und schnell gekeimt.

Empfehlenswerte Sorten:
Bamba bildet niedliche längliche Knollen mit weißer Spitze und schmeckt schön mild.
Die kleinen weißen Mini-Rettiche ***Eiszapfen*** sind wunderbar schnellwüchsig und ***Rudi*** ist eine absolut unkomplizierte Sorte.

Anbau-Tipps

Ausreichend gießen. Trockenheit führt zu faserigen Radieschen.

Nicht zu lange mit der Ernte warten. Es gibt keine „reifen" Radischen. In dem Moment, in dem die Wurzelknolle dick genug erscheint: ab in den Mund damit! Je kleiner sie sind, umso delikater sind sie. Ältere Radieschen werden manchmal holzig oder werden angefressen.

Eiszapfen

Rudi

Anbau – Erste Ernte in 21 Tagen

Kulturzeit 1 Monat. Aussaat ab März, erste Ernten nach ca. 2 ½ Wochen möglich für Frühlingssaaten, Sommersaaten brauchen länger. Einige Sorten können unter Folie oder Glas schon sehr früh im Jahr (Februar) ausgesät werden.

Radieschen sind ohnehin schon die Turbogemüschen im Garten, doch eine Sorte ist die allerschnellste: das Radieschen ***18-Tage („de-dix-huit-jours“)***. Bereits kleinfingerdick werden sie geerntet und sind bei entsprechender Witterung tatsächlich in 2 ½ Wochen verzehrfertig.
Auch das Grün von Radieschen lässt sich verwenden. Versuchen Sie die Blätter kleingeschnitten untergemischt im Salat.

Radieschenvielfalt

Radieschen mit Kräuterquark (für 2 Personen)

Herzhaftes Brot, in Scheiben geschnitten
100 g Quark (20% Fett)
verschiedene Kräuter (Schnittlauch, Petersilie, Basilikum, Thymian ...)
Salz
Pfeffer
Radieschen

Die Kräuter werden fein geschnitten und unter den Quark gerührt. Ist Ihr Quark sehr trocken, geben Sie etwas Milch oder Sahne hinzu und rühren ihn glatt. Mit Salz und Pfeffer abschmecken.
Wenn Sie mögen, buttern Sie die Brotscheiben, sonst einfach den Kräuterquark großzügig auf den Scheiben verteilen und mit dünn geschnittenen Radieschen belegen.

Salat

12ter Tag

20ster Tag

28ster Tag

(*Latuca sativa* und andere)

Salat aus dem eigenen Garten, besonders Sommer- und Herbstsorten, kann mit ungeahnt kräftigem Geschmack überraschen. Im Gemüsegarten ist er der Joker: Er hat keine besonderen Abneigungen gegen Nachbarn und kann deshalb überall dazugepflanzt werden, Hauptsache, er hat genug Platz.

Die frühesten Kopfsalate fürs Freiland sind der ***Maikönig*** und der ***Frühlingsgruß***, wobei letzterer etwas intensiver schmeckt. Starke Wildkräuter-Aromen bringen zum Beispiel der Fingersalat ***Cocarde*** und der Pflücksalat ***Venezianer*** auf den Tisch.

Anbau-Tipps

Säen Sie im Frühjahr alle 10 Tage neu aus, dann können Sie durchgehend ernten.

Probieren Sie mal, Salat unter Tomaten anzubauen: die Köpfe beschatten die Füße der Tomaten und halten damit die Feuchte besser im Boden. Ich setze buntlaubige Salatpflanzen gern in meine Blumenbeete, wo sich Farbklekse wie der Radicchio oder der Batavia perfekt einfügen.

Radicchio schmeckt auch halbiert und in Olivenöl gebraten sehr fein. Roh ist er ziemlich bitter, deshalb unbedingt warm wässern, wenn Sie ihn in Ihren Salat schneiden wollen.

Pflücksalat Venezianer

Anbau – Erste Ernte in 30 Tagen

Kulturzeit: 1 – 2 Monate. Erste Saaten ins Freiland Anfang April, unter Glocken oder Vlies auch schon Ende März.
Für ganz ungeduldige Gärtner empfehle ich den Anbau als Pflücksalat. Dazu in einer Reihe verschiedene Sorten mit einem Abstand von etwa 5 cm aussäen, mit etwas Erde abdecken und die Reihe feucht halten. Nach 10 Tagen entfernen Sie die schwächsten Pflänzchen, so dass Sie einen Abstand von etwa 15 cm erreichen. Nach 30 Tagen fangen Sie mit der Ernte an: Die äußeren Blätter abschneiden, das Herz stehen lassen. Auf diese Weise treibt die Pflanze immer wieder Blätter nach. Wenn sie „schießt", also plötzlich schnell in die Höhe zu wachsen beginnt, ernten Sie auch das Herz und säen neu aus.
Salat gibt es in schier unendlicher Vielfalt. Krause Sorten wie der Frisee, die herben Endivien und Radicchio, knackiger Römer oder zarter Kopfsalat – gemischt holen Sie sich damit den Sommer auf den Tisch. Wenn Ihnen herbe Sorten zu bitter sind, hilft ein kleiner Küchentrick: Legen Sie die Blätter einige Minuten in handwarmes Wasser, das macht den Salat milder.
Wählen Sie Saatgut, das der Jahreszeit entspricht: frühe Sorten im Frühjahr (sie mögen kühle, feuchte Böden), Sommersorten für die Hitze und Herbst- und Wintersorten für das ausklingende Gartenjahr.

Fingersalat Cocarde

Ein reines Salatbeet im Herbst, hier auch mit Feldsalat. Im Laufe des Spätherbst bis in den Winter hinein lassen sich hier einzelne Blätter pflücken. Bei Schnee abdecken!

Salatsauce (für 1 Kopf Salat)

1 Zwiebel
3 EL weißer Balsamico-Essig
1 TL Sojasauce
Salz
schwarzer Pfeffer (frisch gemahlen oder aus dem Mörser)
1 EL süßer Senf
1 großer TL scharfer Senf
Prise Curry
3 EL Sonnenblumenöl
3 EL Olivenöl

Zwiebel schälen und fein würfeln, mit allen Zutaten außer den Ölen in einer großen Schüssel verrühren. Die Öle dazugeben und kräftig rühren, so dass sich die Zutaten verbinden. Den gut abgetropften Salat in der Schüssel mit der Sauce mischen.

20ster Tag

40ster Tag

55ster Tag

Tomaten

(Lycopersicon esculentum)

Mit der richtigen Sortenwahl kommen Sie ganz stressfrei an die kleinen süßen Sonnenfrüchte. Sie sind nicht das schnellste Gemüse, aber es gibt einige Sorten, die wirklich verblüffend früh im Jahr reif werden und dann tragen bis zum ersten Frost. Wichtig ist ein Dach über dem Kopf, denn Tomaten werden leicht krank, wenn sie Regen schutzlos ausgesetzt sind.
Je kleiner die Früchte bleiben, desto schneller können Sie ernten. Ich empfehle Ihnen daher den Anbau von Kirsch- und Cocktailtomaten, die relativ anspruchslos, aber ertragreich sind. Buschtomaten müssen darüber hinaus nicht ausgegeizt werden.
Meine Lieblingssorten: ***Karos***, ***Glacier*** und ***Himbeerrose***.

Anbau-Tipps

Tomaten werden stärker und bilden mehr Wurzeln, wenn Sie die Pflänzchen mindestens 2 Mal umpflanzen und dabei jedes Mal etwas tiefer einsetzen als zuvor.

Ausgeizen können Sie sich sparen, wenn Sie Buschtomaten pflanzen. Geben Sie jedem Trieb einen eigenen Stab als Stütze.

Tomaten sind Starkzehrer. Setzen Sie sie in Komposterde und düngen Sie zur Mitte des Jahres noch einmal mit einem Depotdünger nach. So bekommen ihre Pflanzen genug Power für den Endspurt im Herbst.

Tiger-Tomaten haben ein apartes Streifenmuster. Sie sind eher kleinfrüchtig und daher recht früh im Jahr reif.

Hängetomaten sind super für Kästen und Kübel. Auf dem Balkon im Hanging Basket gepflanzt, wachsen sie einem direkt in den Mund. Hier: Tumbling Tom Red

Anbau – Erste Ernte in 70 Tagen

Kulturzeit: 4 – 6 Monate. Säen Sie im Frühjahr Anfang April Ihre Lieblingssorten auf der Fensterbank aus, am besten in Saattöpfchen. Nach etwa 4 Wochen das erste Mal umpflanzen in einen etwas größeren Blumentopf. Nach den Eisheiligen können die Pflanzen dann im Freien auf ihren endgültigen Platz. Graben Sie gleich die Rankhilfe mit ein und versenken Sie am Fuß jeder Tomatenpflanze einen Blumentopf in der Erde. Gießen Sie regelmäßig, in der Hitze des Sommers auch zwei Mal am Tag in den Blumentopf hinein, der das Wasser direkt an die Wurzeln der Pflanzen leitet.

Entfernen Sie Laub, das auf den Boden herabhängt, denn die Blätter nehmen Krankheiten über die Erde auf. Wenn die Früchte größer werden, entlauben Sie nach und nach von unten, damit die Blätter die Früchte nicht beschatten.

Spezielle Sorten für kältere Klimazonen sichern Ernteerfolg auch ohne Gewächshaus. Ein Dach bracuchen aber auch diese Pflanzuen, sonst erliegen sie der Braunfäule.

Bruscetta (für 2 Personen)

4 – 5 mittelgroße Tomaten
10 Blatt Basilikum
3 Zehen Knoblauch, gehäutet
4 Weißbrotscheiben
Spritzer Balsamico-Essig
1 TL Olivenöl
Salz und Pfeffer
Parmesan, dünn gehobelt

Die Tomaten über Kreuz anschneiden, kurz in kochendes Wasser legen, abschrecken, häuten, entkernen und in sehr feine, kleine Würfelchen schneiden. Basilikumblätter in feine Streifen schneiden. 2 Knoblauchzehen sehr fein hacken oder pressen. Die Weißbrotscheiben im Backofen goldbraun rösten. Mit der letzten Knoblauchzehe über die knusprigen Brotscheiben reiben. Tomaten, Basilikum und Knoblauch miteinander mischen, mit Essig, Öl, Salz und Pfeffer abschmecken. Die Mischung soll stückig bleiben und nicht zu flüssig werden. Dick auf den Weißbrotscheiben verteilen, Parmesanflocken darauf verteilen und sofort servieren. Die Brote sollten noch warm sein.

5ter Tag

12ter Tag

25ster Tag

33ster Tag

Zucchini

(Cucurbita pepo)

Zucchini sind das Sommergemüse schlechthin. Die Kürbisgewächse tragen umso mehr, je schneller Sie die kleinen grünen Früchte ernten. Und schon die Blüten versprechen Genuss: mit Frischkäse gefüllt, in Teig gewendet und frittiert oder mit Kräuterbutter bepinselt und auf den Grill gelegt ...

Empfehlenswerte Sorten:
Patio Star, eine spezielle Topf- oder Balkonzucchini, die klein bleibt. Die unkomplizierte ***Radiant*** und die schöne gelbfruchtige Sorte ***Gold Rush.***

Anbau-Tipps

Zucchini mögen Gesellschaft. 2 Pflanzen bringen besseren Ertrag als eine allein. Ziehen Sie im Frühling 3 oder besser 4 Exemplare aus Samen. Wachsen alle Sämlinge gut an, machen Sie Ihre Nachbarn glücklich.

Decken Sie den Boden um Ihre Pflanzen mit einer Mulchschicht ab, dann bleibt die Feuchtigkeit länger im Boden. Wenn Sie gießen müssen, dann achten Sie darauf, nicht über die Blätter zu gießen, sondern direkt in den Boden.

Weibliche Zucchini-Blüte – der Stiel lässt schon die spätere Frucht erkennen. Die Verdickung wird in Umfang und Länge zulegen zum Zucchino, die Blüte fällt ab.

Die männliche Blüte ist an der schlanken Stielbasis zu identifizieren. Diese Blüten können Sie zum Essen ernten, ohne auf reiche Zucchiniernte zu verzichten.

Anbau – Erste Ernte in 40 Tagen

Aussaat ca. 6 Wochen vor den Eisheiligen auf der Fensterbank.
Pflanzen Sie Ihre Zucchini in richtige Töpfe um, sobald sich 5 – 6 Blätter gebildet haben. Die Pflänzchen brauchen dann mehr Wurzelraum, als es die Saattöpfchen bieten.
Auspflanzen erst, wenn sicher keine Fröste mehr zu erwarten sind (ca. ab Mitte / Ende Mai), Kompost mit in die Pflanzlöcher einarbeiten, denn Zucchini brauchen für ihre Höchstleistung viel Nährstoffe und Wasser.
Die kleinen Früchte können Sie bereits ernten, wenn sie etwa 10 cm lang sind.
Häufiges Ernten belohnen Ihre Pflanzen mit immer neuen Blüten und Früchten. Warten Sie nicht, bis sich dicke Keulen gebildet haben, denn dann wird das Fleisch faserig und es bilden sich dicke Kerne.

Mit 12 – 15 cm Länge sind Zucchini sehr zart im Fleisch. Ernten Sie regelmäßig und lassen Sie keine großen Früchte stehen, das regt die Bildung neuer Früchte an.

Zucchiniröllchen (Vorspeise für 4 Personen)

2 Zucchini
Olivenöl
150 g Feta
50 g Joghurt
1 Knoblauchzehe
4 EL frische gehackte Kräuter (Basilikum, Schnittlauch, Petersilie ...)
2 Chilischoten
lange Schnittlauchhalme

Zucchini waschen und längs in sehr dünne Scheiben schneiden (z. B. mit dem Schälmesser). In heißem Olivenöl anbraten, die Scheiben sollen etwas anbräunen aber nicht knusprig werden. Feta mit der Gabel zerdrücken, Joghurt unterrühren, mit zerdrücktem Knoblauch, den Kräutern und den klein geschnittenen Chili vermischen. Auf jede Zucchinischeibe einen halben Teelöffel von der Masse setzten und aufrollen. Mit einem Schnittlauchhalm zubinden.

Gemüse von der Fensterbank

Sprossen

Wenn der Garten im Winter brach liegt und nur noch Kohlköpfe und Winterkarotten in den Beeten vor sich hin bibbern, ist die Zeit reif für diese Vitaminbomben von der Fensterbank.

Am bekanntesten sind wohl die Mungbohnensprossen, auch Sojasprossen genannt, die asiatischen Gerichten die typische Geschmacksnote verleihen. Aber es gibt zahlreiche Varianten für alle Geschmäcker.

Bei der Sprossengärtnerei machen Sie sich nicht einmal die Hände schmutzig: Die Samen keimen ohne Erde direkt im Glas oder auf feuchtem Tuch. Einfacher geht es nicht. Angeregt nur durch Feuchtigkeit und Wärme treiben in kürzester Zeit Sprossen aus zuvor völlig trockenem Saatgut. Das ist echte Gartenmagie, die man so direkt wirklich nur bei dieser speziellen Anbaumethode erleben darf.

Lassen Sie Ihr Saatgut im Dunkeln keimen, bekommen Sie eher milde, weiße Sprossen. Unter Lichteinfluss werden sie schnell grün und meist etwas intensiver im Geschmack.

Da Sprossen roh verzehrt werden, sollten Sie auf größtmögliche Hygiene achten. Verwenden Sie zum Sprossengärtnern spezielles Saatgut (die größte Auswahl gibt es im Bioladen), das als Lebensmittel strengen Kontrollen genügen muss und so nicht verunreinigt ist (beispielsweise mit Dünger). Die Behälter zum Keimen sollten mit kochendem Wasser gereinigt werden, bevor Sie sie befüllen. Sie können Sprossen in ausgedienten Marmeladen-Gläsern ziehen, die statt mit einem Deckel mit Stoff verschlossen werden. Wenn Sie Geschmack an der Sprossenzucht finden, bietet der Fachhandel eine Auswahl an kompakten und praktischen Anzuchthilfen.

Spülen Sie Ihre Keime unbedingt immer alle 12 Stunden, bis sie verzehrfähig sind. Fertig gekeimte Sprossen können Sie für 1 bis 2 Tage in einer verschlossenen Box im Kühlschrank lagern. Dafür sollten die Sprossen aber möglichst trocken sein, also spülen Sie nicht unmittelbar vor dem Einlagern.

Alfalfa

4 – 6 Stunden wässern, dann abgießen.
Zum Keimen auf feuchtem Tuch oder einem Keimtablett ausbreiten.
Keimdauer: 36 – 48 Stunden.
Geschmack: pfeffrig frisch.
Verwendung: auf Brot oder im Salat.

Bockshornklee

6 – 8 Stunden wässern, dann abgießen.
Zum Keimen in ein Glas mit Stoffdeckel geben.
Keimdauer: 24 – 48 Stunden.
Geschmack: nussig nach Curry.
Verwendung: zu indischen Gerichten oder Nudeln mit asiatischer Note.

Lassen Sie Bockshornklee-Sprossen nicht zu lange sprießen. Nach etwa 4 Tagen werden sie sehr bitter und sind dann eigentlich ungenießbar.

Erbsen

12 Stunden wässern, dann abgießen.
Zum Keimen in ein Glas mit Stoffdeckel geben.
Keimdauer: 36 – 48 Stunden.
Geschmack: stark nach Erbsen.
Verwendung: roh zu Salat oder z. B. in einer Gemüsepfanne kurz mitgegart.

Haben Sie zu viele Erbsensprossen? Im Frühjahr und Sommer können Sie die Keimlinge einfach draußen ins Beet oder in einen großen Kübel setzen und nach kürzester Zeit Zuckerschoten ernten (siehe Seite 20/21).

Kichererbsen

18 Stunden wässern, dann abgießen.
Zum Keimen auf feuchtem Tuch oder einem Keimtablett ausbreiten.
Keimdauer: 60 – 80 Stunden.
Geschmack: nussig, mehlig.
Verwendung: in Gemüsegerichten mitgebraten sehr lecker, ebenso fein wenn sie zu Hummus (orientalischer Dip) verarbeitet werden.

Wegen der Reste giftigen Phasins, das auch in gekeimten Kichererbsen-Sprossen noch enthalten sein kann, sollten die fertigen Sprossen vor dem Verzehr 10 – 15 Minuten gekocht werden.

Leinsamen

2 – 4 Stunden wässern, dann abgießen.
Zum Keimen auf feuchtem Tuch oder einem Keimtablett ausbreiten.
Keimdauer: 48 – 60 Stunden.
Geschmack: zart nussig, süßlich.
Verwendung: auf Brot, im Salat, zum Frühstücksmüsli.

Leinsaat wird beim Wässern etwas schleimig, das ist normal. An den Sprossen ist davon später nichts mehr zu merken.

Linsen

12 Stunden wässern, dann abgießen.
Zum Keimen in ein Glas mit Stoffdeckel geben.
Keimdauer: 36 – 60 Stunden.
Geschmack: getreidig süßlich frisch.
Verwendung: zu Rohkost oder mitgegart z. B. in indischen Gerichten.

Ein Dhal (auch „Dal“, ein indisches Linsengericht) aus Linsensprossen statt Trockenlinsen ist wirklich einen Versuch wert!

Mungbohnen

12 Stunden wässern, dann abgießen.
Zum Keimen in ein Glas geben und mit einem Gewicht beschweren (z. B. ein kleineres Glas, das Sie von oben darauf stellen).
Keimdauer: 36 – 72 Stunden.
Geschmack: getreidig süßlich.
Verwendung: zu asiatischen Gerichten oder als Rohkost zu Salaten.

Geben Sie Mungbohnensprossen erst ganz zum Schluss zu heißem Essen und lassen Sie sie höchstens für 1 – 2 Minuten mitdünsten. Dann bleiben sie schön knackig.

Weizen

12 Stunden wässern, dann abgießen.
Zum Keimen in ein Glas mit Stoffdeckel geben.
Keimdauer: 24 – 36 Stunden.
Geschmack: getreidig süßlich.
Verwendung: im Müsli oder zum Salat, mitgebraten in Gemüsepfannen oder pur als Beilage.

Keimlinge

Ist die Sprosse ein paar Tage alt und hat sich grün verfärbt, ist sie zu einem Keimling geworden. Die junge Pflanze hat weitere wertvolle Inhaltsstoffe dazugewonnen und sich auch geschmacklich weiterentwickelt. Meist schmecken Keimlinge schon sehr stark nach der Pflanze, zu der sie eines Tages heranwachsen würden.

Im Gegensatz zur Sprossenzucht geben Sie Keimlingen etwas Erde zum Wachsen. Es eignen sich alle Arten von flachen Gefäßen, sie brauchen nicht einmal Abzugslöcher für Wasser. Ich schneide dafür gern Milchkartons längs auseinander. Die Höhe ist ideal (ca. 3 cm) und die Beschichtung verhindert, dass Wasser austritt.

Zur Anzucht empfiehlt sich spezielle Anzuchterde, die im Handel erhältlich ist. Sie enthält nur wenige Nährstoffe und ist feinkrümeliger als normale Pflanzerde. Alternativ können Sie aber auch Erde aus Ihrem Garten nehmen (keinen Kompost!). Diese sollten Sie jedoch unbedingt im Backofen für mindestens 10 Minuten auf 80 – 100 °C erhitzen, um Pilzsporen und Krankheitserreger abzutöten, die Ihren Keimlingen sonst das Leben schwer machen. Vor dem Pflanzen wieder abkühlen lassen.

Füllen Sie Ihre Pflanzgefäße etwa 3 cm hoch mit Erde und bringen Sie das Saatgut aus. Etwas Erde darüberkrümeln, angießen und abwarten. Alle paar Tage mit dem Finger prüfen, ob die Erde noch feucht genug ist und gegebenenfalls etwas gießen. Aber vorsichtig bitte, denn das Wasser kann nicht ablaufen. Bleiben Sie deshalb sparsam, am besten nutzen Sie einen Pflanzen- oder Bügelsprüher.

Sind die Keimlinge etwas 5 – 8 cm hoch können Sie sie ernten. Entweder einfach mit der Schere abschneiden, oder Sie ziehen die Keimlinge mitsamt der Wurzel aus dem Boden und waschen den Keimling vorsichtig unter fließendem Wasser, um die Erde zu entfernen.

Erbsen

Saatgefäß etwa 1 cm hoch mit Erde befüllen, Erbsensaat darauf verteilen, dann 2 cm hoch Erde auffüllen. Gießen. Nach ca. 2 Tagen sind die ersten grünen Triebe zu sehen. Nach 5 – 8 Tagen haben die Keimlinge die richtige Größe zum Ernten. Warten Sie zu lange, werden die Triebe zäh und faserig.
Geschmack: knackig intensiv nach Zuckerschoten.
Verwendung: roh zu Salat und Rohkost oder kurz gegart wie Mungbohnensprossen.

Super in grünen Gemüsesmoothies.

Fenchel

Saatgefäß 3 cm hoch mit Erde füllen, Fenchelsamen ausstreuen, gießen. Es dauert 4 – 5 Tage, bis die ersten Triebe zu sehen sind, nach 8 – 10 Tagen können Sie die Keimlinge ernten.
Geschmack: anisartig, intensiv nach Fenchel.
Verwendung: als Belag auf Käsesandwiches oder als Würze im Salat. Toll zu gebratenem Fisch.

Versuchen Sie Fenchelkeimlinge als Garnitur auf Tomatensuppe.

Kohl

Saatgefäß etwa 2 ½ cm hoch mit Erde befüllen, Saatgut daraufstreuen, dann eine dünne Schicht Erde darauf verteilen und gießen. Nach ca. 3 Tagen sind die ersten grünen Spitzen zu sehen, nach 5 – 6 Tagen können Sie die Kohlpflänzchen ernten.
Geschmack: Weißkohlsorten stark senfig scharf, Rotkohlsorten eher nussig zart nach Kohl schmeckend.
Verwendung: als Würze im Salat oder auf Brot.

Koriander

Saatgefäß etwa 3 cm hoch mit Erde befüllen, Saatgut daraufstreuen, gießen. Nach 5 – 8 Tagen sind die ersten grünen Spitzen zu sehen, nach 10 – 14 Tagen können Sie den Koriander ernten.
Geschmack: sehr intensiver Koriandergeschmack, scharf
Verwendung: als Würze wie das ausgewachsene Kraut, besonders zu indischen und asiatischen Gerichten.

Um die Keimung zu beschleunigen, können Sie die Samen leicht zerdrücken und dann ein paar Stunden in Wasser einweichen, bevor Sie sie auf das Saatbett geben.

Kresse

Die kleinen Samen treiben auch ohne Erde grüne Triebe aus. Breiten Sie ein Papier-Küchentuch auf einem Teller aus. Etwa 1 mm hoch Wasser einfüllen. Dann das Saatgut daraufstreuen. Über Nacht haben die Samen das überschüssige Wasser aufgesogen, das Papier ist nur noch feucht. Kontrollieren Sie die Saat alle 12 Stunden und geben Sie bei Bedarf ein paar Tropfen Wasser dazu. Das Küchentuch soll nie ganz austrocknen. Nach 4 – 6 Tagen können Sie die Kresse schneiden.
Geschmack: scharf senfig.
Verwendung: auf Brot, zu Tomatensalat oder Fischgerichten.

Mangold

Saatgefäß etwa 2 ½ cm hoch mit Erde befüllen, Saatgut daraufstreuen, dann eine dünne Schicht Erde darauf verteilen und gießen. Nach ca. 4 Tagen sind die ersten Triebe zu sehen, nach 7 – 8 Tagen können Sie ernten.
Geschmack: nussig, erdig, süßlich.
Verwendung: als Würze im Salat oder auf Brot.

Übriggebliebene Mangoldkeimlinge können Sie im Frühling und Sommer einfach in Ihre Beete setzen und dort groß werden lassen. Der besondere, erdige Geschmack, den schon die Keimlinge haben, bleibt der Pflanze erhalten. Die Blätter werden später kleingeschnitten und wie Spinat zubereitet.

Rauke (Rukola)

Saatgefäß etwa 2 ½ cm hoch mit Erde befüllen, Raukesamen darauf verteilen und eine dünne Schicht Erde darüberkrümeln. Gießen. Nach ca. 2 Tagen kommen die Keimlinge durch die Erde, nach 5 – 6 Tagen können Sie die Rauke ernten.
Geschmack: typischer, erdig-scharfer Rukolageschmack.
Verwendung: als Würze zu Tomaten mit ein bisschen Parmesan, auf Brot oder über Spiegeleier gestreut.

Rettich / Radieschen

Saatgefäß etwa 2 ½ cm hoch mit Erde befüllen, Saatgut daraufstreuen, dann eine dünne Schicht Erde darauf verteilen und gießen. Nach 2 – 3 Tagen sind die Keimlinge sichtbar, nach 4 – 5 Tagen können Sie ernten.
Geschmack: Rettichkeimlinge schmecken scharf und intensiv nach Rettich. Radieschenkeimlinge haben ein ähnliches Aroma, sind aber milder im Geschmack.
Verwendung: wie Schnittlauch auf gebuttertem Brot. Auch als Würzkräuter im Salat.

Rote Bete

Saatgefäß etwa 3 cm hoch mit Erde befüllen, Saatgut daraufstreuen, etwas andrücken und gießen. Nach 3 – 4 Tagen sind die ersten Spitzen zu sehen, Ernte nach 6 – 7 Tagen.
Geschmack: wie die fertigen roten Knollen intensiv erdig.
Verwendung: als Würze im Salat oder auf Brot.

Weizen

Saatgefäß etwa 2 ½ cm hoch mit Erde befüllen, Weizenkörner darauf streuen, dann eine dünne Schicht Erde darauf verteilen. Gießen. Nach ca. 2 Tagen brechen die Triebe durch die Erde. Nach 4 – 5 Tagen haben die Keimlinge die richtige Größe zum Ernten.
Geschmack: süßlich zart nach Frühling.
Verwendung: in grünen Gemüsesmoothies oder im Salat.

Ernten Sie die Keimlinge, solange sie in der weißen Keimhülle stecken. Später wird das Aroma grasig und der Keimling faserig.

Links und nützliche Adressen

Pötschke

Samen- und Pflanzenhändler. Im Katalog und auf der Internetseite gibt es viele nützliche Tipps zur Aussaat und Kultivierung. Die Samentütchen haben alle wichtigen Informationen aufgedruckt (z. B. wie tief und in welchem Abstand gesät werden muss), so dass man gleich mit der Aussaat loslegen kann, ohne die Bedürfnisse der Pflanzen lang zu recherchieren.

Gärtner Pötschke GmbH
Beuthener Straße 4
41564 Kaarst

www.poetschke.de

Dreschflegel

Gemeinnütziger Verein, der biologische Saatgutvermehrung und -züchtung betreibt und sich der Erhaltung alter Sorten verschrieben hat. Hier findet man echte Raritäten, die an unterschiedlichste Standortbedingungen angepasst sind.

Dreschflegel e.V.
Sabine Marten
In der Aue 31
37202 Witzenhausen

www.dreschflegel-shop.de

Bio-Saatgut

Saatgut-Händler, der sich auf alte Sorten und Raritäten spezialisiert hat. Die Beschreibungen zu den einzelnen Sorten sind sehr informativ.

Bio-Saatgut Gaby Krautkrämer
Weingartenstraße 58
97252 Frickenhausen am Main

www.bio-saatgut.de

Schneckenprofi

Hier ist allerhand Nützliches zu finden, falls Sie den Kampf gegen Schadinsekten oder Unkraut zu verlieren drohen. Dabei liegt der Schwerpunkt auf biologischen Produkten wie etwa Nützlingen oder Pflanzenstärkungsmitteln.

www.schneckenprofi.de

Tolle Bücher fürs Gärtnern

Trail, Gayla: Gärtnern geht überall
Bassermann Inspiration, ISBN 978-3-572-08036-6
Sie wollen jetzt endlich loslegen mit Ihrem eigenen Gemüsegarten, aber sind sich nicht sicher, ob Sie überhaupt Platz dafür haben? Hier bekommen Sie Ideen und Anregungen, und Sie werden sehen: Platz ist in den kleinsten Ecken.

Heistinger, Andrea und Verein Arche Noah: Handbuch Samengärtnerei
Ulmer Verlag, ISBN 978-3-8001-6991-7
Für Gärtner, die ihr Saatgut selbst vermehren wollen, das absolute Standardwerk. Hier bleibt keine Frage zur Samengärtnerei unbeantwortet.

Le Page, Rosenn und Meudec, Gérard: Abc des Gemüsegartens
Bassermann Verlag, ISBN 978-3-8094-2838-1
Portraits von vielen Gemüsepflanzen und Gartenkräutern mit vielen interessanten Tipps rund um Anbau und Pflege. Ist als Nachschlagewerk sehr hilfreich.

Seymour, John: Das neue Buch vom Leben auf dem Lande
Dorling Kindersley Verlag, ISBN 978-3-8310-1577-1
Eine erweiterte Ausgabe der „Selbstversorger-Bibel", die schon seit Jahrzehnten besonders bei Stadtmenschen die Sehnsucht nach dem Landleben weckt. Hier bekommt man eine Einführung in alle Techniken, die man zur Selbstversorgung brauchen kann – von Anbau und Verarbeitung eigener Gartenfrüchte über das Brauen von Bier bis zur Viehhaltung.

Redden-Rosenbaum, Gabriele: Vergessene Gemüse
Bassermann Inspiration, ISBN 978-3-572-08026-7
Ein Kochbuch für Gemüse, die nicht mehr alltäglich sind. Wenn Ihnen also Mairübchen gefallen und Sie immer schon mal mit Stielmus kochen wollten, finden Sie in diesem Buch Rezepte für wohlschmeckende Gerichte.